Der Rechtschreibbegleiter

8. Schuljahr

Von Nicole Huttersberger, Theo Kaufmann,
Elke Kienzle, Sandra Liebold

Inhalt

Übungen:

1 bis 6: Nachschlagen im Wörterbuch 2
7 bis 16: Groß- und Kleinschreibung 6
17 bis 27: Schreibung nach Vokalen 14
28 bis 43: Schreibung nach Konsonanten 22
44 bis 53: Fremdwörter verschiedener Herkunft 31
54 bis 71: Getrennt- und Zusammenschreibung 37
72 bis 81: Wörter mit s-Lauten 47
82 bis 90: Rechtschreibabschlusstraining 58

Tipps, Regeln und Rechtschreibstrategien 62

TIPP

Die Tipps findest du entsprechend der Nummer ab S. 62.

Ernst Klett Schulbuchverlage
Stuttgart · Leipzig

1 Die Vornamen wichtiger Persönlichkeiten

TIPP 1

In der linken Spalte sind die Prominenten alphabetisch nach den Vornamen geordnet. Ordne sie in der rechten Spalte wie im Lexikon üblich nach den Nachnamen.

Albert Einstein	*Almsick, Franziska van*
Alfred Hitchcock	*Beethoven,*
Astrid Lindgren	
Bertolt Brecht	
Claudia Schiffer	
Erich Kästner	
Franziska van Almsick	
Günter Grass	
Heinrich Böll	
Heinz Rühmann	
Jan Ullrich	
Julia Roberts	
Jürgen Klinsmann	
Ludwig van Beethoven	
Manfred Krug	
Martin Luther	
Matthias Claudius	
Michael Schumacher	
Otfried Preußler	
Reinhold Messner	
Robert Redford	
Siegfried Lenz	
Sophie Scholl	
Theodor Storm	
Til Schweiger	
Ulf Merbold	
Uschi Glas	
Wilhelm Busch	
Wolfgang Amadeus Mozart	

2 Beliebte Vornamen

Mache aus der nach Geschlechtern getrennten Liste *eine* alphabetisch korrekt geordnete Gesamtliste.

Hitliste der weiblichen Vornamen:
Alexandra, Beatrice, Carina, Dana, Elena, Franziska, Hanna, Isabell, Jacqueline, Karolin, Lara, Madeleine, Nadine, Patrizia, Rebecca, Sabrina, Tanja, Ulrike, Vanessa, Yvonne

Hitliste der männlichen Vornamen:
Adrian, Bastian, Christian, Daniel, Elias, Fabian, Hannes, Jakob, Kai, Leon, Malte, Nick, Oliver, Pascal, Rafael, Sascha, Thomas, Vincent, Yannik

Weibliche **und** männliche Vornamen:

3 Kurze Vornamen mit der Endung a

Ordne diese zum Teil sehr seltenen Vornamen alphabetisch.

Ada • Eda • Ida • Oda • Uda • Bea • Gea • Kea • Lea • Rea • Lia • Mia • Pia • Ria • Eka • Ula • Ana • Ena • Ina • Una • Ira • Isa • Ota • Uta • Ava • Eva • Iva

4 Die Bedeutung von Vornamen

Schlage in einem Namenslexikon nach, was die Namen bedeuten und woher sie stammen.

Name	Bedeutung	Herkunft
Aaron	*Bergbewohner*	*aus der Bibel*
Adrian		
Albert/o		
Andrea/s		
Anna		
Axel		
Benedikt		
Björn		
Boris		
Daniel		
Denise		
Esther		
Florian		
Gabriel/e		
Georg		
Hanna/h		
Kai		
Katharina		
Kevin		
Mona		
Nadine		
Pamela		
Paul		
Pia		
Philipp		
Rebecca		
Regina		
Sara/h		
Simon/e		
Stefan /Stephan		

5 Berühmte Persönlichkeiten

Die folgenden Persönlichkeiten sind alphabetisch geordnet aufgeführt. Trage die Geburtsdaten jeweils in die Klammer nach dem Namen. Nummeriere die Personen anschließend chronologisch durch.

( ) Hans Christian Andersen (________________)

( ) Charlie Chaplin (________________)

( ) Charles Darwin (________________)

( ) Walt Disney (________________)

( ) Thomas Edison (________________)

( ) Albert Einstein (________________)

( ) Galileo Galilei (________________)

( ) Mahatma Gandhi (________________)

( ) Johann Wolfgang von Goethe (________________)

( ) Erich Kästner (________________)

( ) Martin Luther King (________________)

( ) Christoph Kolumbus (________________)

( ) Karl May (________________)

( ) Wolfgang Amadeus Mozart (________________)

( ) Isaac Newton (________________)

( ) Friedrich von Schiller (________________)

( ) Mark Twain (________________)

( ) Jules Verne (________________)

( ) George Washington (________________)

6 Ratespiel „Berühmte Persönlichkeiten"

Einige aus eurer Klasse suchen sich von den Personen in Aufgabe 1 und Aufgabe 5 eine aus und überlegen sich vor dem Spiel fünf Aussagen zur ausgewählten Person. Nach jeder Aussage darf die Klasse raten. Wer falsch rät, erhält einen Minuspunkt. Wer richtig rät, erhält beim 1. Satz 5 Punkte, beim 2. Satz 4 Punkte, beim 3. Satz 3 Punkte, beim 4. Satz 2 Punkte und beim 5. Satz 1 Punkt.

Beispiel: Hans Christian Andersen

1. Er ist Däne.
2. Er schrieb Theaterstücke, Reisebeschreibungen und Romane.
3. Er lebte von 1805–1875.
4. Hierzulande kennt man ihn wegen seiner Märchen.
5. Er schrieb „Des Kaisers neue Kleider".

7 Zweifache Zeitangaben

TIPP 4

Ordne sowohl die Wörter in A als auch in B in zeitlicher Reihenfolge. Verwende einen Würfel. Würfle mindestens zweimal. Wenn du z. B. 2 und 5 würfelst, nimmst du das 2. Wort von A und das 5. von B. Bilde dann einen Satz.

A) GESTERN • HEUTE • MONTAG • MORGEN • ÜBERMORGEN • VORGESTERN
B) ABEND • MITTAG • MORGEN • NACHMITTAG • NACHT • VORMITTAG

Beispiel: *Heute Nacht habe ich gut geschlafen.*

____

____

____

____

____

____

____

8 Feststehende Wendungen

Im Folgenden sind feststehende Wendungen mit anderen Worten umschrieben. Notiere jeweils die passende Wendung.

1. gemeinhin, generell, für gewöhnlich:	
2. (ganz) besonders, hauptsächlich:	
3. ausführlich, ganz genau, in allen Einzelheiten:	
4. vorab, zuerst, zunächst einmal:	
5. beinahe nicht, fast nicht, mal eben so:	
6. bis auf Weiteres, erst einmal, kurzzeitig:	
7. ganz (und gar), komplett, völlig:	
8. in großen Mengen, genügend, in Hülle und Fülle:	
9. auf gut Glück, chaotisch, gedankenlos, kopflos:	
10. benachteiligt werden:	

9 s am Schluss, dann Kleinschreibung

Umschreibe die Angaben mit nur einem Wort. Manchmal stehen schon Hilfen da.

in der Nacht:	______________
jeden Sonntag:	______________
jeden Montag:	______________
am Morgen:	______________
am Mittag:	______________
gewiss; bestimmt; durchaus:	*aller* ______________
im Unterschied zu früher; in letzter Zeit:	*neuer* ______________
auf der Reise; außer Haus:	______________
außerhalb; entfernt; weitab:	*ab* ______________
auf dieser Seite gelegen; diesseitig:	______________
am anderen Ufer; auf der anderen Seite:	______________
in Anbetracht; im Hinblick auf:	______________
durch; mit; mithilfe von:	______________ *ttels*
im Auftrag; mit Namen:	______________
für den Fall; gesetzt den Fall, dass:	______________ *lls*

10 Kuriose Gesetze

TIPP 2 TIPP 3

Auch wenn es zum Lachen ist, diese Gesetze gibt es wirklich. Schreibe sie ab und bringe den Text in die rechtschriftlich korrekte Form. Wenn du noch mehr verrückte Gesetze lesen willst, dann schaue doch im Internet unter folgender Adresse nach: www.sinnlose-gesetze.de

deutschland: belästigung der allgemeinheit durch werfen von kleinen gegenständen bei veranstaltungen ist verboten.

____

____

deutschland: die toilette darf nur im sitzen benutzt werden. vor dem hinsetzen auf das sitzstück sind die beinkleider bis zu den knien hinunterzuschieben. vor dem verlassen der entleerungskabine sind die beinkleider wieder in die ausgangsposition zu bringen.

____

____

mexico/stadtgesetz von guadalajara: in der öffentlichkeit ist das benutzen von anstößigen, widerlichen oder beleidigenden worten sowie fluchen verboten.

usa/stadtgesetz von mobile: das tragen von pumps mit scharfen und hohen absätzen ist verboten.

kanada: das öffentliche entfernen eines verbandes ist für bürger/innen verboten.

kanada/provinz alberta: geschäfte müssen eine stange zum anbinden der pferde haben.

australien/sydney: das wechseln von glühbirnen ist nur ausgebildeten elektrikern erlaubt.

11

Einteilung von Nomen in Oberbegriffe

Ordne die Nomen im Kasten den Oberbegriffen bzw. den Unterkategorien auf S. 9 zu. Es müssen pro Unterkategorie jeweils drei Nomen sein.

Alphorn • Ameise • Balalaika • Banjo • Becken • Brokkoli • Butter • Cembalo • Dampfboot • Datteln • Doppeldecker • Frachtschiff • Graugans • Hai • Harfe • Hauskatze • Heißluftballon • Hubschrauber • Jeep • Joghurt • Kaffee • Kanu • Karpfen • Käse • Kastagnetten • Keyboard • Lauch • Mistkäfer • Motorrad • Nagelrochen • Oboe • Rauchschwalbe • Schäferhund • Spinett • Seeadler • Sprudel • Stubenfliege • Tee • Tuba • Untergrundbahn • Wal • Xylophon

Tiere

Säugetiere: ______________________________

Vögel: ______________________________

Insekten: ______________________________

Fische: ______________________________

Fahrzeuge

auf Rädern: ______________________________

auf dem Wasser: ______________________________

in der Luft: ______________________________

Nahrungsmittel

Milchprodukte: ______________________________

Obst und Gemüse: ______________________________

Getränke: ______________________________

Instrumente

Saiteninstrumente: ______________________________

Schlaginstrumente: ______________________________

Blasinstrumente: ______________________________

Tasteninstrumente: ______________________________

12 Wie vermeidet man Rechtschreibfehler?

Schreibe den Text in richtiger Schreibung ab. Schreiblinien findest du auf S. 10.

DIESE FRAGE BLEIBT WÄHREND DER GANZEN SCHULZEIT AKTUELL. SIE STELLT SICH, WENN ZWEIFEL ÜBER DIE RICHTIGE SCHREIBUNG EINES WORTES AUFTAUCHEN. ZUM GLÜCK GIBT ES EINIGE TRICKS, UM ZWEIFEL AUSZURÄUMEN UND SOMIT FEHLER ZU VERMEIDEN. DARUM BIETET DIESER RECHT-SCHREIBBEGLEITER VIELE AUFGABEN AN, IN DENEN DIE ANWENDUNG VON TRICKS ZUR FEHLERVER-MEIDUNG GEÜBT WERDEN KANN. ANDERE AUFGABEN DIENEN DER ÜBUNG BESONDERER RECHT-SCHREIBFÄLLE, BEISPIELSWEISE VON FREMDWÖRTERN ODER HÄUFIG FALSCH GESCHRIEBENEN WÖRTERN.

13 Quizfragen beantworten

TIPP 2

Beantworte im ganzen Satz die Quizfragen wie im vorgegebenen Beispiel.

1. Wie lang ist der Amazonas?

   Die **Länge** des Amazonas beträgt ______________________

2. Wie kalt ist das Wasser, wenn es zu Eis gefriert?

   ____

3. Wie alt wurde Galileo Galilei?

   ____

4. Wie hoch ist der Mount Everest?

   ____

5. Wie warm ist es in Deutschland im Juli durchschnittlich?

   ____

6. Wie kalt war es am 21.7.1983 in der Antarktis?

   ____

7. Wie breit ist der Nil maximal?

____

8. Wie tief ist der Bodensee an seiner tiefsten Stelle?

____

9. Wie groß darf ein Standardbrief in Deutschland sein?

____

10. Wie dick ist etwa die Eisschicht am Nordpol?

____

14 Multiple-Choice-Quiz

TIPP 5

Welche Antwort stimmt? Kreuze an und schreibe jeweils einen Antwortsatz auf. Entscheide, ob du die Adjektive groß- oder kleinschreiben musst.

1. Was ist der BLAUE Nil?
   a) das Nildelta
   b) ein See, durch den der Nil fließt
   c) rechter Quellfluss des Nils

   Antwort: ______________________________

2. Was ist die EISERNE Lunge?
   a) eine künstliche Lungenmaschine, die bei Operationen benutzt wird
   b) Bezeichnung für die kräftigen Lungenflügel eines Raubritters im Mittelalter
   c) ein Folterinstrument

   Antwort: ______________________________

3. Wie hoch ist der Salzgehalt im ROTEN Meer?
   a) ca. 4 %
   b) ca. 6 %
   c) ca. 2 %

   Antwort: ______________________________

4. Der GRAUE Star ist
   a) eine besondere Vogelart in Afrika,
   b) eine spezielle Augenkrankheit,
   c) ein aus den Charts verschwundener Rocksänger.

   Antwort: ______________________________

5. Als was ist das KLEINE Walsertal bekannt?
   a) Wintersportgebiet
   b) Sommererholungsgebiet
   c) Badeparadies

   Antwort: ______________________________

15 Ordnung ist das halbe Leben

Ordne die Begriffe nach Fachgebieten. In Klammern steht jeweils die Anzahl der Eintragungen.

Aachener Frieden • Babylonische Gefangenschaft • Carmina Burana • Das Fähnlein der Sieben Aufrechten • Das Land des Lächelns • Eiserner Vorhang • Gefährliche Liebschaften • Haager Abkommen • Iberische Halbinsel • Jam Session • Magdeburger Börde • Naher Osten • Pariser Becken • Dreißigjähriger Krieg • Überlinger See • Vereinigte Staaten von Amerika • Wormser Konkordat • Zaberner Steige

Geschichte (6): ______________________________

____

____

____

____

____

Musik (3): ______________________________

____

____

Literatur (2): ______________________________

____

Erdkunde (7): ______________________________

____

____

____

____

____

____

16 Wie schreibst du folgende Nomen? – ein Silbenrätsel

Löse das Silbenrätsel.

Au • bän • bi - bon • bon • Ca • chen • del • Erd • Erst • fie • Gäm • ge • gel • Glimm • gra • gu • Ka • Kän • kläss • ler • mell - nuss • o • Quänt • ra • ru • schoss - Schuh • se • shew • stän • to

1. Selbstgeschriebenes Lebensbild: ______________________
2. Braucht man, um Schuhe zuzubinden: ______________________
3. Frucht des tropischen Nierenbaumes: ______________________
4. Ebenerdiges Stockwerk: ______________________
5. Kind, das in die 1. Klasse geht: ______________________
6. Gebirgstier: ______________________
7. Umgangssprachlich für Zigarette: ______________________
8. Australisches Beuteltier: ______________________
9. Eine kleine Menge: ______________________
10. Süßigkeit: ______________________

17 Hotel mit Drei-Bett-Zimmern

TIPP 6

Ordne die Nachsilben mit lang gesprochenem i den Wortteilen zu.

Apfels- • stab- • Term- • Masch- • Ex- • Kam- • mob- • Gard- • Rub- • Ros- • Prof- • Pingu- • Rept- • Benz- • Margar- • Vitam- • Law- • Vent-

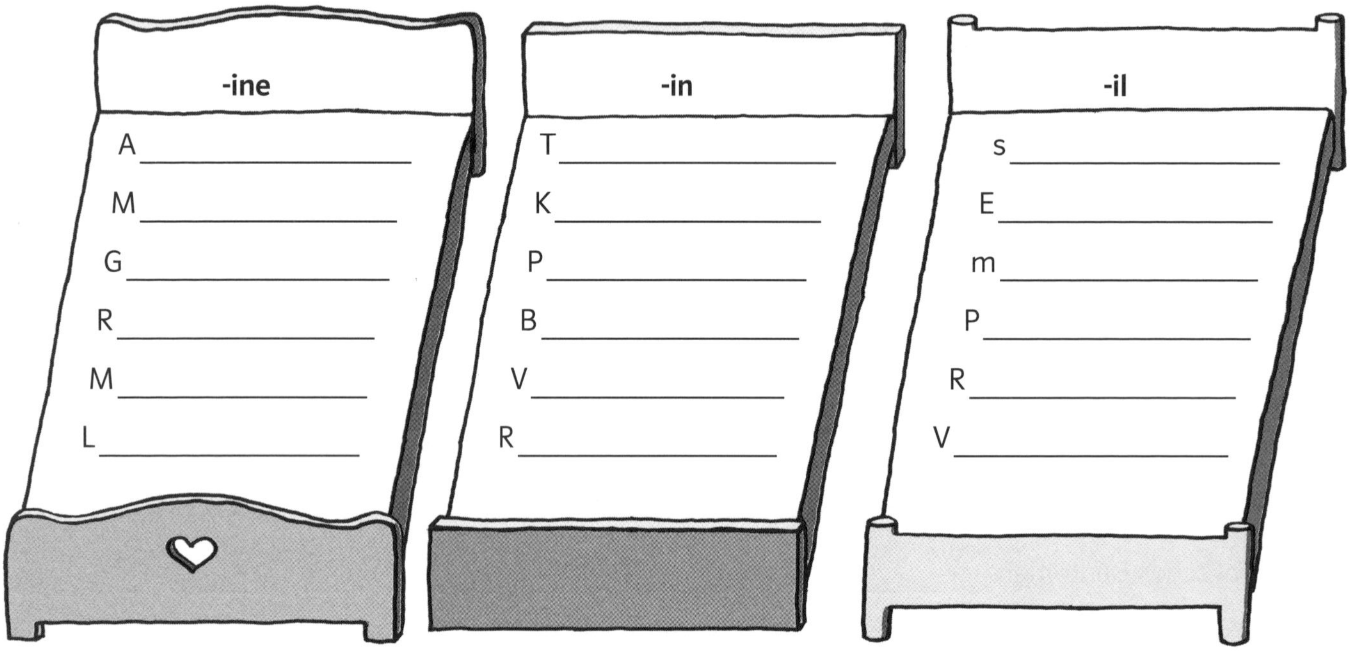

Suche 8 Wörter heraus, die zu den Begriffen „Hotel" und „Frühstück" passen.

____

____

18 Weitere Hotelgäste

Es gibt viele Wörter mit lang gesprochenem i, die aber unterschiedlich geschrieben werden. Setze die folgenden Wörter in die Tabelle ein. Ziehe ggf. ein Wörterbuch zurate.

Musik • Kilo • Ziege • ihre • wieder • flieht • zieht • tief • Bier • Margarine • Ski • Video • Igel • politisch • Krokodil • Magazin • ihr • Ihnen • stiehlt • Liebe • mir • Tier • Familie • Vieh • Tiger

ie	i	ih	ieh

ie	i	ih	ieh

19 Auf die Bedeutung kommt es an

TIPP 7

Setze ie oder i richtig ein und ordne anschließend zu.

W____derruf, w____derholen, W____derstand, w____dersprechen, w____derbekommen,

W____dersacher, w____derborstig, W____derverkauf, W____derverwendung, W____derkäuer

wieder: ____________________

____

wider: ____________________

____

Suche dir aus jeder Bedeutungsart zwei Wörter aus und bilde damit einen Satz.

1. ____________________

____

2. ____________________

____

3. ____________________

____

4. ____________________

____

20 Besuch von l, m, n, r

TIPP 8 **Ergänze bei den Wörtern das Dehnungs-h und die Buchstaben l, m, n, r.**

Lä____ung, Hö____e, wa____haft, rü____en, Ausfu____r, verstra____t, Vermä____ung,

fe____erhaft,fa ____lässig, Wa____heit, Bestra____ung, Ma____zeit, erla____en, aushö____en,

Ru____, Verfe____ung

Ordne diese Wörter den folgenden Wörtern aus der Wortfamilie zu.

strahlen	**mahlen**	**fehlen**	**fahren**
____	____	____	____
____	____	____	____

hohl	**wahr**	**berühmt**	**lahm**
____	____	____	____
____	____	____	____

21 Der Besuch ist weg

TIPP 9 **Hier kann man das silbentrennende h heraushören. Es steht nicht vor l, m, n oder r. Schreibe zu diesen Infinitiv-Verben zwei verwandte Wörter auf. Du kannst zur Hilfe auch in das Haus schauen.**

leihen - du leihst - Leihgabe

drehen - ____ - ____

stehen - ____ - ____

ziehen - ____ - ____

sprühen - ____ - ____

nähen - ____ - ____

mähen - ____ - ____

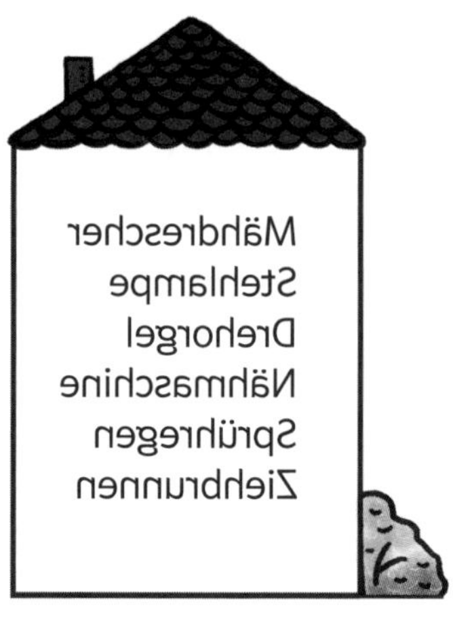

Schreibe jeweils eine Form auf, in der das h zu hören ist, und eine Form, bei der es nicht zu hören ist.

du siehst - sehen, Sehschule

geh! - ______

roh - ______

früh - ______

froh - ______

22 lehren – leeren

TIPP 10

Manche Wörter klingen gleich, werden aber unterschiedlich gesprochen. Hier musst du dir die Bedeutung der Wörter klarmachen.

lehren – An der Schule wird Technik gelehrt.
leeren – Ann-Sophie leert den Papierkorb.

Bilde zu den Wortpaaren jeweils einen kurzen Satz.

mehr - ______
Meer - ______

her - ______
Heer - ______

Mal - ______
Mahl - ______

Sole - ______
Sohle - ______

Wal - ______
Wahl - ______

Wehr - ______
wer - ______

dehnen - ____________________

denen - ____________________

wahr - ____________________

war - ____________________

23 Doppelbetten für ee – oo – aa

Trage die Wörter nach ihrer Bedeutung in die Kreuzworträtsel ein.

1 besonders gerichteter Platz für Pflanzen
2 kleines Schiff
3 Teil des Kopfes
4 sumpfiges Torfland
A Einfall
B großer Raum
C Wiesenpflanze für Futtermittel
D blütenlose, grüne Pflanze

1			
2			
3			
4			

A			
B			
C			
D			

Mit Hilfe der Buchstaben in den rosafarbenen Kästchen kannst du das Lösungswort bilden.

Lösungswort: ☐ ☐ **P P** ☐ ☐ **V** ☐ **K** ☐ ☐

Schreibe weitere Wörter mit doppelten Vokalen auf und bilde Wortzusammensetzungen.

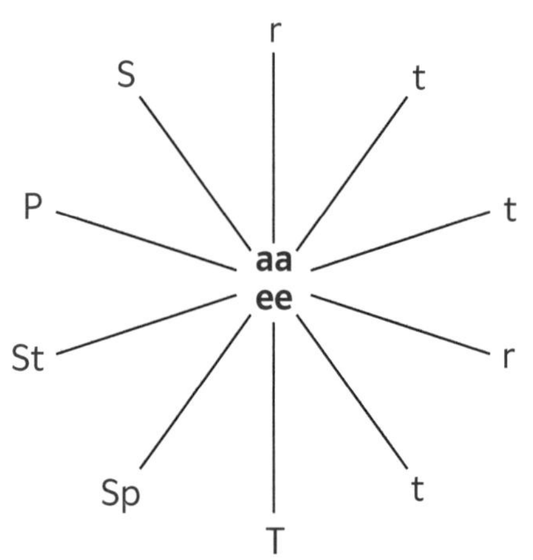

Beet - Beeteinfassung

____________ - ____________

____________ - ____________

____________ - ____________

____________ - ____________

____________ - ____________

____________ - ____________

24 Reise in die Vergangenheit

TIPP 11

Bilde von den Infinitivformen der Verben das Präteritum und die Konjunktivform.

Infinitiv Grundform	**Präteritum** Vergangenheit	**Konjunktiv** Möglichkeitsform
klingen	klang	klänge
dringen	______	______
denken	______	______
singen	______	______
bringen	______	______
sehen	______	______
finden	______	______
eintreten	______	______
gelingen	______	______
sprechen	______	______
brechen	______	______
verstehen	______	______
geschehen	______	______

Bilde mit vier Verben in der Konjunktivform je einen Satz.

1. ______________________________
____
2. ______________________________
____
3. ______________________________
____
4. ______________________________
____

25 Verwandtschaften

TIPP 12

Bilde mit der Adjektiv-Nomen-Maschine verschiedene Wörter. Benutze die Wortbausteine mit a oder au, ergänze sie mit einer möglichen Endung und schreibe das entstandene Wort mit ä oder äu auf.

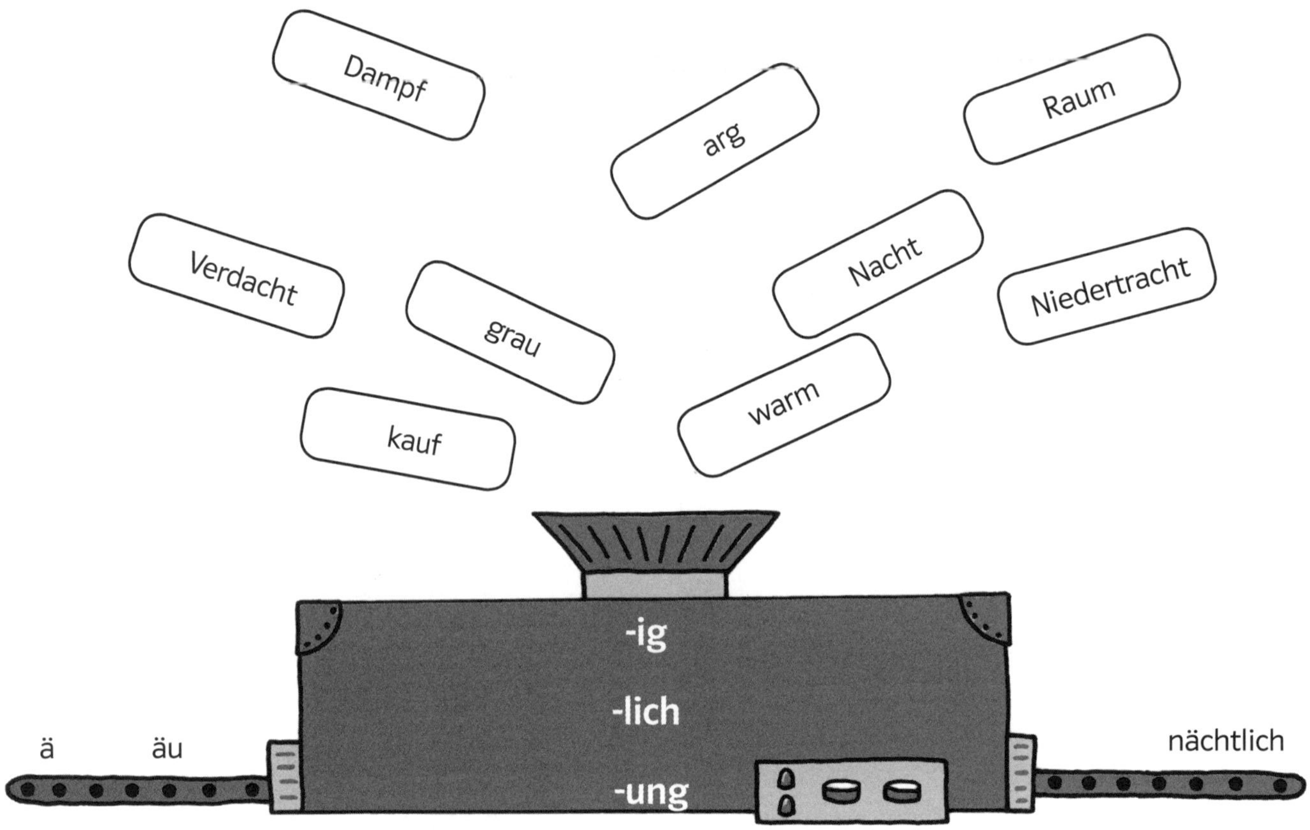

Nacht	+	-lich	→	nächtlich
______	+	______	→	______
______	+	______	→	______
______	+	______	→	______
______	+	______	→	______
______	+	______	→	______
______	+	______	→	______
______	+	______	→	______
______	+	______	→	______

26 Geheimer Besuch von e und e

Suche die Wörter, die zur Bedeutung passen, und setze sie mit Druckschrift in die Geheimschrift ein. Tipp: Jedes der gesuchten Wörter hat zwei e.

Altersgeld, Pension 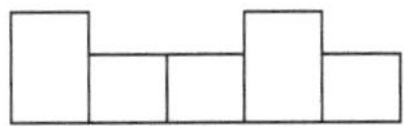 = ____________________

Teil des Fahrrades 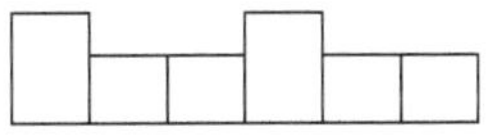 = ____________________

grenzenlos 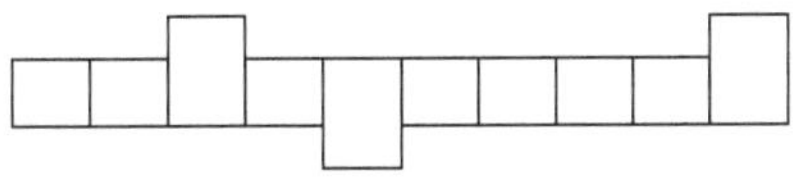 = ____________________

Tätigkeit bei der Kuhhaltung 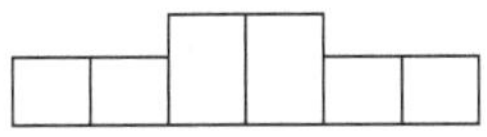 = ____________________

Spukgestalt 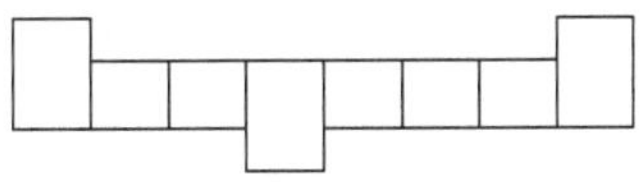 = ____________________

Gemüseart 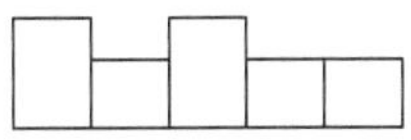 = ____________________

Vater und Mutter 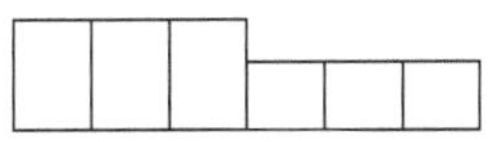 = ____________________

Waren anpreisen 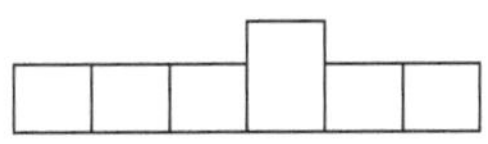 = ____________________

explodieren lassen 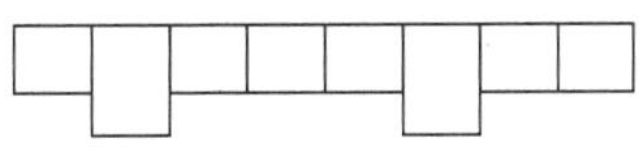 = ____________________

dünner Zweig 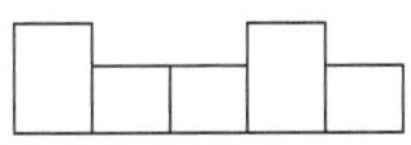 = ____________________

27 Helfende Zwillinge

TIPP 13

Um feststellen zu können, ob in den Wörtern ein Doppelkonsonant vorkommt, musst du zuerst die Infinitivform des versteckten Verbs aufschreiben.

sta____sinnig – starren

der Sta____tblock – starten

das Gewi____de – ____________________

die Gewi____chance – ____________________

die Einscha____tquote – ____________________

unbeka____t – ____________________

der Widerha____ – ____________________

der Ausfa____ – ____________________

28 b oder p?

TIPP 14

Reime und ergänze jeweils b oder p. Bilde dann neue Wortarten und -formen.

ge___en	Pum___en	Lie___e	Hu___e	Lam___e	lo___en
stre___en	Lum___en	Die___e	Lu___e	Ram___e	to___en

Lupe	→	[rein]	→	*lupenrein*
stre___en	→	[sam]	→	___
Lum___en	→	[zer]	→	___
Hu___e	→	[ge]	→	___
to___en	→	[suchtsanfall]	→	___
Lam___e	→	[fieber]	→	___
Die___e	→	[stahl]	→	___
Ram___e	→	[licht]	→	___
lo___en	→	[ge]	→	___
Pum___en	→	[ab]	→	___
ge___en	→	[er]	→	___
Lie___e	→	[ver]	→	___

29 bb oder pp?

TIPP 15

Ergänze jeweils bb oder pp und ordne die Wörter ihren Bedeutungen zu.

Kra___e • Attra___e • za___elig • E___e • Ste___e • Ra___e

Wüste: ___

Krebs/Garnele: ___

schwarzes Pferd: ___

(täuschend ähnliche) Nachbildung: ___

ablaufendes Wasser: ___

aufgeregt/nervös: ___

30 d oder t?

TIPP 14

In den 12 Wörtern kannst du d und t deutlich hören. Vervollständige die darauf folgenden Wörter.

d	t
Wände • schaden • enden • ordentlich • Kinder • Gründe	verbieten • ~~Monate~~ • raten • Kante • mutig • bereiten

mona☐lich, Mona☐sende	→	*monatlich, Monatsende*	→	*Monate*
Mu☐probe, mu☐los	→		→	
kin☐lich, kin☐isch	→		→	
Or☐nung, Unor☐nung	→		→	
Ra☐, Ra☐schlag	→		→	
schä☐lich, Scha☐stoff	→		→	
Verbo☐, Verbo☐sschild	→		→	
kan☐ig, Kan☐holz	→		→	
grun☐los, grün☐lich	→		→	
Wan☐malerei, Wan☐uhr	→		→	
berei☐, Berei☐schaft	→		→	
en☐lich, en☐los	→		→	

31 Wortfamilien mit tt

TIPP 15

Setze die Wörter zu neuen Wörtern zusammen. Es entstehen vier Wortfamilien.

~~hoch~~ • ~~fest~~ • Brot • Burg • Schlag • Frosch • Himmel • Orden • Vorhersage • weich • Kante • Blume • Doppel • Rüstung • abhängig • Dose

Bett: *Hochbett,* __________

Wetter: *wetterfest,* __________

Ritter: __________

Butter: __________

32 Von morgens bis abends

a) Die folgenden Adverbien enden auf -ns und auf -nds. Präge sie dir gut ein, da du sie dem Klang nach schwer unterscheiden kannst. Ordne die nachstehenden Wörter diesen Adverbien richtig zu.

-ns	-nds
morgens: ______________	abends: ______________
meistens: ______________	nirgends: ______________
höchstens: ______________	eilends: ______________
wenigstens: ______________	vollends: ______________

nirgendwo • Morgen • Abend • wenig • eilen/eilend • hoch • vollenden • meist

b) Ersetze die in Klammern stehenden Wörter durch die Adverbien aus a).

Er ist mit seiner Arbeit (ganz und gar) ______________ zufrieden.

Sie hat (fast immer) ______________ keine Zeit.

(Am Morgen) ______________ muss sie sich immer sehr beeilen.

Sie muss (schnell) ______________ zur Schule gehen.

Die Untersuchung dauert (maximal) ______________ dreißig Minuten.

Sie liest (am Abend) ______________ sehr gern.

Es gibt für das Konzert (an keiner Stelle) ______________ mehr Tickets zu kaufen.

Er hätte ihr (zumindest) ______________ Bescheid sagen können.

33 Steigerung bis „tst"

Steigere die Partizipien.

Gerd ist erleichtert. Anja ist *erleichterter* als Gerd, aber Susi ist am *erleichtertsten*.

- Dieses Gerücht ist verbreitet. Es gibt aber noch ein ____________________ Gerücht. Das neue Gerücht ist aber am ____________________ .
- Sie ist begeistert. Er ist ____________________ als sie. Am ____________________ sind aber die Fans.
- Tina ist dafür geeignet. Kai ist aber ____________________ als Tina. Lisa ist jedoch am ____________________ dafür.

34 Baustein „ent"

Ordne die Wörter ihren Bedeutungen nach.

wes**ent**lich • außerord**ent**lich • un**ent**geltlich • geleg**ent**lich • verseh**ent**lich • eig**ent**lich • öff**ent**lich • nam**ent**lich

aus Versehen: ______________________________

dem Wesen nach/entscheidend: ______________________________

bei Gelegenheit: ______________________________

ohne Geld/unbezahlt: ______________________________

mit Namen: ______________________________

außergewöhnlich: ______________________________

in der Öffentlichkeit: ______________________________

ursprünglich: ______________________________

35 g oder k?

TIPP 14

a) Bilde zu den Wörtern jeweils das dazugehörige Nomen (im Plural) und das Verb.

Sprung	→	*Sprünge*	→	*springen*
stark	→	*Stärken*	→	
wirklich	→		→	
biegsam	→		→	
Zwang	→		→	
gestreikt	→		→	

b) Setze g und k richtig ein.

bie☐bar: *biegbar*

sprun☐haft: ______

Star☐strom: ______

Strei☐posten: ______

zwan☐haft: ______

verwir☐licht: ______

36 Verben mit g oder k?

TIPP 14

Ergänze die fehlenden Verbformen.

tragen	*trug*	*getragen*
	sang	
		getrunken
sinken		
		gerungen
	stank	
zwingen		
wiegen		

37 Alles wird vervollständigt

Bilde von den Verben die igt-Form und trage sie in die Sätze ein.

beglaubigen • vervollständigen • beleidigen • kündigen • entschuldigen • berichtigen • beteiligen • beruhigen • beschleunigen • berücksichtigen

Sie hat ihn mit Schimpfwörtern ______.

Er hat von 0 auf 100 h/km ______.

Nach dieser Aufregung hat sie sich erst allmählich wieder ______.

Diese Kopie des Dokuments wird vom Bürgeramt ______.

Er hat sich rege an der Diskussion ______.

Sie hat den Fehler ______.

Er hat seinen Job ______.

Sie hat seinen Ratschlag ______.

Nach ihren Beleidigungen hat sie sich bei ihm ______.

Du hast jetzt alle Sätze ______.

38 Verwechslungen

Bei diesen zusammengesetzten Wörtern wurde einiges verwechselt. Setze die „chs-Wörter" richtig zusammen und ordne sie zu.

O**chs**engeld • se**chs**tumsfördernd • wa**chs**undzwanzig • Blechmalstifte • ~~Erdlachs~~ • Wa**chs**bü**chs**e • ~~Seeachse~~ • Roteide**chs**e • Zaunfu**chs** • We**chs**elschwanzsuppe

Achse: *Erdachse*

Blech: ______

sechs: ______

Lachs: *Seelachs*

Fuchs: ______

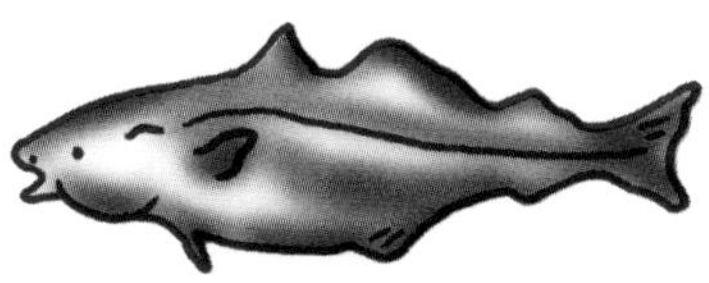

wechseln: ______________________________

Ochse: ______________________________

Wachs: ______________________________

Wachstum: ______________________________

Eidechse: ______________________________

39 Wortbildung mit ck

Bilde zehn zusammengesetzte Wörter mit ck.

Park • fein • Reise • ~~Dose~~ • Tisch • Rauhaar • dick • Blut • Spiel • Farben

Stecker: *Steckdose*

schmecken: ______________________________

Wecker: ______________________________

Lücke: ______________________________

Dackel: ______________________________

Decke: ______________________________

verstecken: ______________________________

ocker: ______________________________

flüssig: ______________________________

Fleck: ______________________________

40 ch oder k?

TIPP 14

Die Wortanfänge der folgenden Fremdwörter werden mit [k] gesprochen aber unterschiedlich mit ch oder k geschrieben. Ordne sie ihren Bedeutungen zu.

ch	k
Chor Chlor Charakter chronologisch Chaos	Kurier Kimono Koalition kollidieren Kollaps

japanisches Gewand:	______	chemisches Element:	______
völliges Durcheinander:	______	Gruppe von Sängern:	______
Zusammenbruch:	______	Eilbote:	______
zusammenstoßen:	______	Vereinigung:	______
Wesensart eines Menschen:	______	zeitlich geordnet:	______

41 Denk daran!

Bilde mit den Verbstämmen neue Wörter.

~~denken~~ • lenken • wirken • trinken • tanken • zanken • schenken • danken

□vermögen, □würdig	→	*Denkvermögen, denkwürdig*	→	*denken*
Ge□papier, ver□t	→	______	→	______
be□t, □stoff	→	______	→	______
□bar, □sagung	→	______	→	______
vollge□t, □stelle	→	______	→	______
□rad, Ge□	→	______	→	______
ge□t, □apfel	→	______	→	______
□wasser, □geld	→	______	→	______

42 So ein Quatsch!

Ersetze die falschen „qu-Wörter" in den Sätzen durch die richtigen.

quadratisch • Quarz • quetschen • Qual • quer • Qualifikation • qualvoll • Quartett • quitt • Qualität • quälen • Quadrat • quirlen • Quartal

Zum Ende eines Vierteljahres wird eine *Quarz*abrechnung gemacht.

→ ____________________

Hier läuft momentan alles kreuz und *quitt*.

→ ____________________

Ein *Quadrat* ist ein Musikstück für vier Stimmen oder vier Instrumente.

→ ____________________

Die letzten Meter vor dem Ziel *quirlt* sich der verletzte Läufer sehr.

→ ____________________

Diese goldene *Qual*uhr ist sehr wertvoll.

→ ____________________

Sie hat sich beim Schließen der Tür die Finger einge*quält*.

→ ____________________

Durch die vier Seiten ist es ist nicht rund, sondern *qualvoll*.

→ ____________________

43 Ganz und gar

Markiere die acht Verben mit der Endung -zen und setze die Partizipform in die Wortgruppen ein.

G A Z E N T A N Z E N H O P S E N E R G Ä N Z E N G L Ä N Z E N K R E N Z E N Z I N Z E N B E G R E N Z
E N H U Z E N B E P F L A N Z E N V E R K E N Z E N E R E N Z E N K E N S C H W Ä N Z E N E N T H Ü L Z
E N O P L E N Z E N I N Z E I G E N T E N Z E N T E N T E N Z E N G R U N Z E N G F S J K V E R F I L Z E N G

ein	____________	Schüler (Part. I)	ein	____________	Beet (Part. II)
ein	____________	Glas (Part. I)	eine	____________	Anzahl (Part. II.)
	____________	Wolle (Part. II)	ein	____________	Paar (Part. I)
ein	____________	Schwein (Part. I)	ein	____________	Teil (Part. II)

44 Fremde Wörter verschiedener Herkunft

TIPP 16

Ordne die Wörter ihrer Herkunft nach richtig zu.

Etage • chronisch • Ketschup (auch: Ketchup) • Boutique • Spagetti (auch: Spaghetti) • miserabel • Egoismus • Katastrophe • Make-up • Etui • Teenager • Strapaze • joggen • Rhythmus

griechisch-lateinisch: ______________________________

französisch: ______________________________

englisch: ______________________________

italienisch: ______________________________

45 Fremdwörter gesucht

TIPP 17

Vervollständige die passenden Fremdwörter.

TIPP 18

Rechtschreibung: O r _ _ _ _ _ _ _ f _ _

Einzelheit: _ _ _ a i l

vornehm: _ l e g _ _ _

Bücherei: _ _ b l i _ _ _ _ _ _

klug: _ _ _ e l l _ _ _ _ _ _

Gegensatz: _ _ _ _ _ a s t

Befragung: I n t _ _ _ _ _ _ _

verwirrt: _ _ _ f u s

46 Gegensätze

Stelle aus den Adjektiven die passenden Gegensatzpaare zusammen.

obligatorisch • immobil • passiv • fakultativ • negativ • chronisch • akut • positiv • aktiv • mobil

(gut) ______________ ↔ ______________ (schlecht)

(untätig) ______________ ↔ ______________ (tätig)

(freiwillig) ______________ ↔ ______________ (verpflichtend)

(unvermittelt auftretend) ______________ ↔ ______________ (langsam verlaufend)

(beweglich) ______________ ↔ ______________ (unbeweglich)

47 Bedeutung

Markiere die acht Fremdwörter in dieser Wortschlange und ordne sie ihren Bedeutungen zu. Achte dabei auf die richtige Groß- und Kleinschreibung.

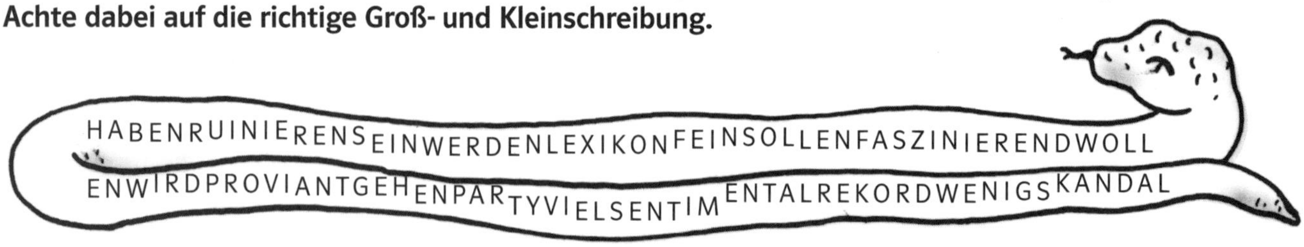

Feier: ______________________

Verpflegung: ______________________

zu Grunde richten: ______________________

Höchstleistung: ______________________

rührselig: ______________________

Nachschlagewerk: ______________________

schockierendes Geschehnis: ______________________

begeisternd: ______________________

48 Fremdwörter mit „fon", „fot" und „graf"

TIPP 17

Bilde aus den Wortbestandteilen *fon*, *fot* und *graf* Wörter und vervollständige die Sätze.

_ _ _ o _ _ _ _ _ ie, Mikro _ _ _ _, Litho _ _ _ _ _ ie,

_ _ _ osynthese, Geo _ _ _ _ _ ie, Stereo _ _ _ _ ie

Das Fach (Erdkunde) ____________________ zählt zu seinen Lieblingsfächern.

Die Einführung der ____________________ (Technik der räumlich wirkenden Tonübertragung) revolutionierte den Musikmarkt.

Diese Illustration ist eine ____________________ (Steinzeichnung).

Von diesem Ereignis existiert eine ____________________ (Lichtbild).

Den Aufbau chemischer Verbindungen durch Lichteinwirkung nennt man ____________________ .

Mit einem ____________________ können Töne oder Geräusche auf Tonträger übertragen werden.

49 Fremdwörter mit f (ph), t (th), r (rh) und g (gh)

TIPP 17

a) Setze ph, th, rh und gh richtig ein und ersetze sie dann durch f, t, r und g.

TIPP 18

Gra**ph**it → Gra**f**it

Pan____er → Pan__er

Jo____urt → Jo__urt

____unfisch → __unfisch

Myr____e → Myr__e

Del____in → Del__in

b) Kreuze die jeweils richtige Schreibweise (mit ph oder mit f) an.
Bei einigen Wörten sind beide Schreibweisen erlaubt. Kontrolliere mit dem Wörterbuch.

- ☐ Photografie
- ☐ Fotografie

- ☐ Orthographie
- ☐ Orthografie

- ☐ Fase
- ☐ Phase

- ☐ Filosofie
- ☐ Philosophie

- ☐ graphisch
- ☐ grafisch

- ☐ Atmosphäre
- ☐ Atmosfäre

- ☐ Pharmazie
- ☐ Farmazie

- ☐ Profet
- ☐ Prophet

c) Ergänze jeweils das fehlende Adjektiv oder Nomen.

Sympathie	– ____________	– eine ____________ Person
____________	– thematisch	– ein schweres ____________
Phänomen	– ____________	– ein ____________ Ereignis
Rhythmus	– ____________	– eine ____________ Bewegung
____________	– fantastisch	– mit viel ____________
____________	– katastrophal	– eine große ____________

50 Verschiedene Temperamente und Sinne

a) Ordne die Temperamentstypen richtig zu und bilde die passenden Adjektive.

Choleriker • Melancholiker • Phlegmatiker • Sanguiniker

Temperamentstyp		Adjektive
____________	(träger, schwerfälliger Mensch)	____________
____________	(jähzorniger, reizbarer Mensch)	____________
____________	(lebhafter, meist heiterer Mensch)	____________
____________	(schwermütiger, trübsinniger Mensch)	____________

b) Ordne die Adjektive der Sinne ihren Bedeutungen zu.

visuell • olfaktorisch • akustisch • haptisch

____________	(das Tasten betreffend)	____________	(das Sehen betreffend)
____________	(das Riechen betreffend)	____________	(das Hören betreffend)

51 Berufswahl

TIPP 17

Viele Berufsbezeichnungen sind Fremdwörter. Ordne die Berufe und die dazugehörigen Verben jeweils den deutschen Bezeichnungen richtig zu.

Designer • Makler • Dolmetscher • Dompteure • ~~Manager~~ • Referees • Trainer • Visagisten • Monteure;
~~managen~~ • dolmetschen • vermitteln • designen • entscheiden • montieren • bändigen • schminken • trainieren

Leiter, Betreuer: *Manager, managen* ______

Übungsleiter (Sport): ______

Formgestalter: ______

Montagefacharbeiter: ______

Übersetzer: ______

Schiedsrichter: ______

Gestalter (Gesicht, Kosmetik): ______

Tierbändiger: ______

Vermittler: ______

52 Wortbildung

Bilde aus den folgenden Wortbildungselementen sinnvolle Wörter.

mikro- (griech. mikrós: klein, kurz, gering)

hyper- (griech. hypér: über, übermäßig)

makro- (griech. makrós: groß, lang)

poly- (griech. polýs: viel, vielfach, verschieden)

prä- (lat. prae: vor, voraus)

pseudo- (zu griech. pseúdein: falsch, unecht, nur scheinbar)

-aktiv: ______ (übersteigerter Bewegungsdrang)

-biotisch: ______ (spezielle Ernährungsweise)

-skopisch: ______ (winzig)

-nym: ______ (Deckname)

-faser: ______________________________ (Kunstfaser)

-vention: ______________________________ (Vorbeugung)

-logisch: ______________________________ (krankhaft lügnerisch)

-technisch: ______________________________ (mehrere Zweige der Technik umfassend)

-historisch: ______________________________ (vorgeschichtlich)

-ester: ______________________________ (chemischer Stoff)

-funktion: ______________________________ (Überfunktion)

-kosmos: ______________________________ (Weltall)

Sin- • Ortho- • Sym- • Geo-

-grafie: ______________________________ -metrie: ______________________________

-fonie: ______________________________ -pathie: ______________________________

53 Fremdwörterrätsel

TIPP 16 TIPP 17

Markiere die acht Fremdwörter, die in diesem Buchstabenfeld verborgen sind. Du kennst diese Wörter bereits aus den vorangegangenen Übungen.

A N T O N M I S E R A B E L H E U T E V O N B I S P R Ä V E N T I O N I L E B E N I N T E R V I E W I

S T G E G E N K A L T L O H A L T E N E N W A R M K N O P F D E N K E N D P M A S T F A K U L T A T

I V I S N O N I N E I N G E O G R A F I E B L E I B E N C H O L E R I K E R G E G E N M A S T E N E G

T W E R T I U N G I Z U M B E I S P I E L H A P T I S C H P L K R E I S K S M A N A G E R K P K G I M

54 Zusammengesetzte Nomen

TIPP 19

Setze die Nomen zu neuen sinnvollen Wörtern zusammen.

~~Auflauf~~ • ~~Decke~~ • ~~Fisch~~ • Park • Dach • ~~Mühle~~ • ~~Baum~~ • ~~Wind~~ • Bank • ~~Apfel~~ • ~~Salat~~ • ~~Tisch~~ • ~~Gold~~ • ~~Hahn~~ • ~~Stahl~~ • ~~Obst~~ • ~~Fenster~~ • ~~Wasser~~ • ~~Dieb~~ • ~~Gemüse~~

Gemüse	+	*Auflauf*	=	*Gemüseauflauf*
Wasser	+	Hahn	=	Wasserhahn
Tisch	+	Decke	=	Tischdecke
Obst	+	Salat	=	Obstsalat
Wind	+	Mühle	=	Windmühle
Fenster	+	Bank	=	Fensterbank
Dieb	+	Stahl	=	Diebstahl
Gold	+	Fisch	=	Goldfisch
Apfel	+	Baum	=	Apfelbaum
Park	+	Dach	=	Parkbank

55 Zusammengesetzte Verben + Nomen

TIPP 19

Setze jeweils ein Verb und ein Nomen zu neuen sinnvollen Wörtern zusammen.

~~leben~~ • sterben • stehen • lehren • liegen • gehen • messen • sprechen • klettern;
Platz • Urkunde • Blase • ~~Wesen~~ • Schieber • Weg • Wiese • Pflanze • Gang

leben	+	*Wesen*	=	*Lebewesen*
sterben	+	Urkunde	=	
	+		=	
	+		=	
	+		=	
	+		=	
	+		=	
	+		=	
	+		=	

56 Zusammengesetzte Adjektive + Nomen

TIPP 19

Setze jeweils ein Adjektiv und ein Nomen zu neuen sinnvollen Wörtern zusammen.

~~kühl~~ • kalt • warm • süß • sauer • laut • dick • neu • alt • hoch
Sprecher • Welle • Darm • Stoff • Papier • ~~Schrank~~ • Haus • Gier • Speise • Wasserheizung

kühl	+	*Schrank*	=	*Kühlschrank*
	+		=	
	+		=	
	+		=	
	+		=	
	+		=	
	+		=	
	+		=	
	+		=	
	+		=	

57 Starke Bedeutungen

TIPP 20

Nutze die Adjektive mit den bedeutungsverstärkenden Bestandteilen „bitter-", „brand-", „ur-" und „voll-" zur Vervollständigung der Sätze.

bitterernst • bitterkalt • bitterböse / brandneu • brandaktuell • brandheiß /
uralt • urkomisch • urplötzlich / vollautomatisch • vollschlank • volljährig

Es war ein ____________________ (sehr kalter) Wintertag.

Ab dem 18. Lebensjahr ist man ____________________ .

An dieser Maschine läuft alles ____________________ .

Sie musste ____________________ (ganz schnell) das Zimmer verlassen.

Das Auto ist ____________________ (ganz neu).

Sie ist ____________________ (mollig).

Dieser Film ist ____________________ und man muss oft lachen.

Diese Nachricht ist ____________________ (ganz aktuell).

Dieses Fundstück ist ____________________ (ganz alt).

Er kann ____________________ (sehr bösartig) werden.

Das neue Album der Band ist ____________________ .

Nach dieser Meldung wird er plötzlich ____________________ (sehr ernst).

58 Falsche Zusammensetzungen

TIPP 19

Setze die Wörter richtig zusammen und ordne sie ihren Umschreibungen zu.

durch~~folgern~~ • lobwandeln • maßhaben • langregeln • schlafpreisen • handweilen • hinterbrechen • ~~schluss~~gehen

etwas ableiten: *schlussfolgern*

während des Schlafs umherirren: ____________________

etwas benutzen: ____________________

zurechtweisen: ____________________

loben: ____________________

anöden: ____________________

durchdringen: ____________________

betrügen: ____________________

59 Schwimmmeisterschaften

TIPP 19

a) Ordne die vier Schwimmarten den Bewegungsbeschreibungen richtig zu. Bilde zu den Nomen jeweils die Verben in zusammengesetzter Form.

Brustschwimmen • Rückenschwimmen • Schmetterlingsschwimmen • Kraulschwimmen

(1) Die Arme unter Wasser gleichzeitig nach vorn bringen und dann durch das Wasser ziehend bis zum Brustkorb zurück.
(2) Die Arme werden wechselseitig über Wasser nach vorn gebracht.

(3) Arme und Beine werden jeweils gleichzeitig und auf gleicher Höhe bewegt und die Arme über Wasser nach vorn gebracht.
(4) Schwimmart in Rückenlage

		Nomen	Verb
(1)	das	______________	______________
(2)	das	______________	______________
(3)	das	______________	______________
(4)	das	______________	______________

b) Entscheide, ob du groß- oder klein-, getrennt- oder zusammenschreibst.

Lisa schwimmt ______________ B/brust.

Maximilian wird heute ______________ S/schmetterling(s) / schwimmen.

60 Das Reziprokpronomen „einander"

TIPP 21

Vervollständige die Sätze mit den Zusammensetzungen aus Präposition + Reziprokpronomen + Verb.

beieinandersitzen • übereinanderstellen • durcheinanderessen • zueinanderfinden • nebeneinanderliegen • aufeinandertreffen • ~~aneinanderfügen~~ • gegeneinanderschlagen

Sie *fügen* die Teile *aneinander*. Sie sollten die Teile *aneinanderfügen*.

Sie ______________ . Sie wollten ______________ .

Sie ______________ . Sie sollten ______________ .

Sie ______________ nicht ______________ . Sie sollten nicht ______________ .

Sie ______________ die Hölzer ______________ . Er sollte die Hölzer ______________ .

Sie ______________ eng ______________ . Sie sollten eng ______________ .

Sie ______________ bald ______________ . Sie sollten bald ______________ .

Sie ______________ die Kisten ______________ . Sie sollten die Kisten ______________ .

61 Gleich, aber doch verschieden

TIPP 23

Die folgenden Wörter haben getrennt geschrieben eine andere Bedeutung als zusammengeschrieben. Vervollständige die Sätze.

- fertig werden (etwas beenden), fertigwerden (mit jmdm. od. etwas klarkommen)

  Er muss mit dieser Situation ____________________.

  Das Bild muss morgen ____________________.

- frei sprechen (ohne Notizen sprechen), freisprechen (von der Anklage befreien)

  Damit ihr Vortrag bei den Zuhörern gut ankommt, soll sie ____________________.

  Der Richter wird den Angeklagten bestimmt ____________________.

- haften bleiben (an der Wand h.), haftenbleiben (im Gedächtnis h.)

  Dieses Erlebnis wird ihm noch lange ____________________.

  Sie hofft, dass die Bilder ____________________.

- richtig liegen (in geeigneter Körperhaltung l.), richtigliegen (im Recht sein)

  Ob er mit seiner Meinung ____________________ wird?

  Um seinen Rücken zu schonen, sollte man immer ____________________.

62 Adjektivischer Gebrauch

TIPP 25

Setze die Nomen an die richtigen Stellen und verbinde sie jeweils mit dem Partizip I.

Rat • Gewinn • Fleisch • ~~Aufsehen~~ • Erdöl • Handel • Ekel • Kräfte

Aufsehen	erregend	→	*aufsehenerregend*	→	ein *aufsehenerregendes* Spektakel
______	erregend	→	______	→	ein ______ Anblick
______	schonend	→	______	→	______ Bewegungen
______	treibend	→	______	→	______ Länder
______	suchend	→	______	→	ein ______ Bürger
______	exportierend	→	______	→	ein ______ Land
______	fressend	→	______	→	eine ______ Pflanze
______	bringend	→	______	→	ein ______ Geschäft

63 Verbindungen zwischen Adjektiven + Verben

TIPP 23

Setze die Wörter, die jeweils aus einem Adjektiv und einem Verb bestehen, richtig zusammen und ordne sie dann ihren Bedeutungen zu.

fein~~achten~~ • dickhängen • plattgewinnen • dünnstehen • niedrigmachen • liebmachen • ~~hoch~~machen • offendrücken

hochachten ____________________ (jmdn. sehr schätzen)

____________________ (nicht zu hoch aufhängen)

____________________ (jmdn. ins Herz schließen)

____________________ (nicht entschieden, ohne Resultat)

sich ____________________ (sich breitmachen)

sich ____________________ (sich zurückziehen)

sich ____________________ (sich schick anziehen)

sich die Nase ____________________ (aus dem Fenster starren)

64 Getrennt und zusammen

TIPP 19

Setze die Wörter in der richtigen Getrennt- und Zusammenschreibung ein.

- Auto fahren

  Er *fährt Auto*. Er ist ____________________ .

  Beim ____________________ muss man sich konzentrieren.

- Zähne putzen

  Er ____________________ . Er hat ____________________ .

  Regelmäßiges ____________________ ist wichtig.

- Fußball spielen

  Er ____________________ . Er hat ____________________ .

  Er wurde beim ____________________ gefoult.

- Fieber messen

  Er ____________________ . Er hat ____________________ .

  Zum ____________________ benötigt man ein Thermometer.

65 Getrennt und wieder zusammen

TIPP 19

Setze die falsch verbundenen Wörter in der richtigen Zusammenschreibung ein.

Brief ~~sammeln~~ • Geschirr waschen • Hände spülen • ~~Briefmarken~~ schreiben • Blumen fahren • Rad gießen

Er hat zum <u>*Briefmarkensammeln*</u> ein großes Album geschenkt bekommen.

Zum ____________________ verwendet er eine Schreibfeder und Tinte.

Das neue Spülmittel ist gut zum ____________________ geeignet.

Sie geht zum ____________________ in den Garten.

Neulich ist ihm beim ____________________ der Fahrradschlauch geplatzt.

Zum ____________________ benutzt sie eine duftende Seife.

66 Kleine Nomen

TIPP 19

Verbinde die Nomen mit den Verben zu sinnvollen Wörtern und setze sie in ihrer richtigen Schreibung ein.

Preis • Stand • Heim • Teil • Hand • Seil • Schutz • Not
nehmen • impfen • geben • landen • tanzen • kehren • halten • haben

Er muss vieles von sich ____________________ .

Von ihrer langen Reise werden sie bald ____________________ .

Er will an diesem Wettbewerb ____________________ .

Dieses Gerät ist leicht zu ____________________ .

Das Flugzeug musste ____________________ .

Gegen verschiedene Viren sollte man sich ____________________ lassen.

Dieser Artist kann sehr gut ____________________ .

Er kann gegen seinen Konkurrenten nicht ____________________ .

67 Was ist gemeint?

TIPP 22 TIPP 23 TIPP 24

Entscheide ob du getrennt oder zusammenschreibst. Vervollständige die Sätze mit den Wortverbindungen in Klammern.

Paul will sich nach dem Ärger mit seinem Onkel ____________________ (dünn/machen).

Mein Vater schnarcht so sehr, dass meine Eltern ____________________ (getrennt/schlafen).

Meine Oma kann nach ihrer Operation schon wieder ____________________ (gut/gehen).

Nach dem vielen Eisessen wird es mir sicher ____________________ (schlecht/gehen).

Sie sollten im Salat die Tomatenscheiben nicht ____________________ (dünn/schneiden).

Die Nudeln soll man nicht immer ganz ____________________ (weich/kochen).

Abschied nehmen wird mir immer ____________________ (schwer/fallen).

Unser Chemielehrer will die Lösung ____________________ (sauer/machen).

Das Skifahren wird ohne Vorkenntnisse sicher ____________________ (schief/gehen).

Im Sommer können wir im Scharmützelsee ____________________ (schwimmen/gehen).

68 „Nicht nur ..., sondern ..."

TIPP 26

Vervollständige die Sätze, indem du die in Klammern stehenden Verben und Nomen richtig einsetzt. Die beiden letzten Sätze verlangen gegenteilige Adjektive.

Es ist nicht nur heiß, sondern *drückend heiß* (drückt).

Das Wasser ist nicht nur heiß, sondern ____________________ (kocht).

Dieser Stoff ist nicht nur rot, sondern ____________________ (leuchtet).

Dieser Baum ist nicht nur sehr groß, sondern ____________________ (Riese).

Viele Bakterien sind nicht nur sehr klein, sondern ____________________ (Mikroskop).

Er ist nicht gut, sondern ____________________ gelaunt.

Es ist nicht unten, sondern ____________________ erwähnt.

69 Zahlenspiele

TIPP 26

Ergänze die Ergebnisse der folgenden Aufgaben in Worten ausgeschrieben.

5 × 5 + 10 − 7 ÷ 2 + 12 − 1 = *fünfundzwanzig*

29 + 56 × 5 + 250 ÷ 3 + 425 − 5 = ______________________________

66 − 6 × 6 + 600 ÷ 6 − 94 = ______________________________

Wann entdeckte Christoph Kolumbus Amerika? Er entdeckte Amerika _______________

_______________ .

Wann lebte Johann Wolfgang von Goethe? Er lebte von ___________________________

bis ___________________________ .

Wann erhielt Albert Einstein den Nobelpreis für Physik? Er erhielt ihn _______________

_______________ .

Sie ist 31 und er 47 Jahre alt. Er ist ______________________________ Jahre älter als sie.

Die deutsche Übersetzung für das englische Wort „eightfold" lautet _______________ .

Haus A ist 15 m und Haus B 30 m hoch. Haus B ist somit _______________ so hoch wie Haus A.

70 Wörter mit „in" und „zu"

TIPP 27

Ergänze die fehlenden Nomen und Schreibweisen.

Stande • Frage • Rate • ~~Stand~~ • Hause • Grunde

in *Stand* setzen → *instand setzen*

in __________ stellen → ______________________

zu __________ bleiben → ______________________

zu __________ liegen → ______________________

zu __________ bringen → ______________________

zu __________ ziehen → ______________________

71 Getrennt- und Zusammenschreibung bei Fremdwörtern

TIPP 28

Ordne jeweils die beiden Schreibweisen der Fremdwörter ihren Bedeutungen zu.

Bigband, Big Band
Hardcover
Compact Disc
Cornedbeef, Corned Beef
Happyend, Happy End
Harddisk, Hard Disk
Hotdog, Hot Dog
Fairplay, Fair Play
Highlife, High Life
Shortstory, Short Story
Hardcopy, Hard Copy
Softdrink, Soft Drink

Kompaktschallplatte (Abk. CD): ______________________________

anständiges Spiel, Verhalten im Sport: ______________________________

Lebewelt, süßes Leben: ______________________________

Bildschirmausdruck: ______________________________

heißes Würstchen in einem Brötchen: ______________________________

alkoholfreies Getränk: ______________________________

großes Jazz- oder Tanzorchester: ______________________________

Buch mit festem Einband: ______________________________

Computerfestplatte: ______________________________

„glückliches Ende“: ______________________________

gepökeltes Rindfleisch: ______________________________

Kurzroman, Kurzgeschichte: ______________________________

72 Versteckte Wörter

TIPP 29

a) In dieser Buchstabenschlange sind 21 Wörter mit „ss“, 12 Wörter mit „s“ und 5 Wörter mit „ß“ (davon 2-mal das gleiche Wort) versteckt. Finde die Wörter heraus und ordne sie in die Tabelle ein. Achte auf die Groß- und Kleinschreibung. Dein Wörterbuch kann dir helfen. Achtung, die Wörter sind schon an den Text angepasst, stehen also in der Mehrzahl oder haben gebeugte Endungen.

WASSERRESERVOIRNASSSÜSSWASSERURSPRUNGWASSERSTOFFMOLEKÜ
LENANALYSIERENSIEDEPUNKTGASFÖRMIGWISSENSCHAFTDASSGEWISSE
NEISKRISTALLEVERDUNSTENNUTZWASSERWASSERDAMPFUNGENIESSBA
RESMÜSSTEEISMEERENWASSERMASSENBEWÄSSERUNGTRINKWASSEREI
MERWEISEWASSERFLÜSSIGENMASSENHAFTAUSSCHLIESSLICHWASSERM
ANGELORGANISMENWASSERVORKOMMENSWEISSLEBENSSPENDERRIES
IGEWEISSGASFÖRMIGEMLASSENLEBENSUMFASSENWASSERVERBRAUCH

Wörter mit „ss“	Wörter mit „s“	Wörter mit „ß“

b) Dir ist sicher aufgefallen, dass viele Wörter zur Wortfamilie Wasser gehören. Schreibe sie hier noch einmal auf die Wellen.

c) Setze die Wörter aus Aufgabe a) in den Lückentext ein. Zur Vereinfachung sind manche Anfangs- oder Endbuchstaben schon vorgegeben.

Wasser – ______________ und Ursprung des Lebens

Seit die ______________t dazu in der Lage ist Stoffe zu an______________, weiß man, ______________ Wasser eine Verbindung aus 2 ______________ und einem Sauerstoffmolekül ist. Jeder von euch weiß, dass Wasser einen S______________ von 100° C hat und dann zu g______________ W______________ wird. Unter 0° C bilden sich feste Strukturen, auch E______________ genannt, die das Eis ______________ erscheinen l______________. W______________ war auch für die Entstehung des L______________ auf unserem Planeten ausschlaggebend. Vor einigen Milliarden Jahren entstanden erste O______________ in der Ursuppe – der U______________ allen Lebens.

Da sich in unseren Ozeanen r__________ __________n befinden, die 2/3 der Erdoberfläche um______________, m______________ man doch eigentlich beim Wasserverschwenden kein schlechtes ______________ habe. Aber 96,5 % sind u______________ Salzwasser und nur 3,5 % sind S______________. Von diesen 3 % sind, wie man heute ______________, fast 2 % in Gletschern, Permafrostböden oder den E______________ gespeichert. 1 % wird als N______________ in der Industrie oder zur B______________ benutzt und lediglich 0,7 % des gesamten W______________ der Erde sind ______________h Trinkwasser. Da wir ohne Wasser nach 36 Stunden ______________, sollten wir dieses kostbare N______________ sparen. Stattdessen ist der ______________ch in den Industrieländern von 20 Litern auf 140 Liter pro Tag gestiegen. T______________ wird zur Toilettenspülung benutzt, mit fl______________ Düngern in den Boden gespült und m______________ in der Industrie eingesetzt. Gesäubert wird es mit Hilfe von teuren Kläranlagen. In vielen Ländern herrscht bereits ______________ und die Menschen müssen das flüssige Gold e______________ aus einem ______________r schöpfen und kilometerlang nach Hause schleppen.

73 s bleibt s

TIPP 30

a) Immer 3 Wörter sind miteinander verwandt, dabei bleibt der s-Laut jedes Mal erhalten. Ordne die Wörter in die richtigen Spalten ein.

b) Eine Spalte musst du immer selbst ergänzen.

kreisen maskiert vereisen umkreist er ist erbost Maske
Lösung gelöst Vorspeise Boshaftigkeit gelesen Bahngleis
Eis gegrinst eisig beweisen er hat gelesen Beweis
er ist gereist böse Abreise entgleist maskieren Vorlesung
entgleisen speisen grinsen reisend lösen
er hat bewiesen er hat gegrinst gespeist er hat umkreist

Infinitiv	Nomen mit Artikel	3. Person Singular Perfekt	Adjektiv

74 Setze „ß“ oder „ss“ ein

TIPP 29

a) Lies dir die Wörter durch und achte darauf, ob sie kurz oder lang gesprochen werden.

Schie____bude, Flu____, sto____en, Schu____, geflo____en, Abschu____, verflü____igen, ausflie____en, absto____en, Ausflu____, überflü____ig, Schie____pulver, Sto____, gesto____en, gescho____en, stie____, Erdgescho____, ausgesto____en, Gescho____, Versto____, Schu____waffe, flie____end, Ausschu____, Flie____band

b) Diese Wörter kannst du 3 Wortfamilien zuordnen. Achte auf Wörter mit dem gleichen Wortstamm. Die Nomen musst du mit passendem Artikel aufschreiben.

fließen	stoßen	schießen

75 Jetzt musst du zeigen, was du kannst!

TIPP 29

Setze „s“, „ss“ oder „ß“ in die Lücken ein!

TIPP 30

Was man über den Aufbau einer Zeitung wi____en mu____!

Egal ob Boulevardpre____e, Tage____zeitung oder Wirtschaftsblatt, auf der ersten Seite findet man gewi____erma____en immer da____ Gleiche – die Topnachricht des ge____trigen Tages. Oft wird mit rie____igen Buchstaben über Neue____ aus Politik und Wi____enschaft oder über sportliche Gro____ereigni____e berichtet. Der ge____amte erste Teil einer Zeitung enthält Informationen über die Au____enpolitik, neue innenpolitische Erkenntni____e, nicht übermä____ig viele Reportagen und pa____ende Kommentare. Darüber hinau____ ist eine Zeitung in verschiedene Themengebiete unterteilt, die von den Pre_____eleuten Re_____orts genannt werden. Hierzu zählt man den Wirtschaftsteil, die Lokalpre_____e und den Sportteil. Die Redakteure machen unterde_____en Interviews, stellen neue Wi_____ensgebiete vor oder berichten über sportliche Grö_____en. Den Schlu_____teil einer Zeitung bilden grö_____tenteils Anzeigen, In_____erate oder Annoncen. Darin wirbt der neu eröffnete Wa_____erpark genau_____o wie die Firma für Ma_____ivholzküchen, die Wahrsagerin mit den au_____ergewöhnlichen Fähigkeiten und da_____ Nachhilfeinstitut für gestre_____te Schüler. Nach Redaktionsschlu_____ wird die Zeitung durch die Druckerpre_____e gejagt, ordnungsgemä_____ gefaltet und anschlie_____end in den Gro_____handel oder an den Kio_____k ausgeliefert.

76 Reimpaare

a) Ergänze bei den folgenden Wörtern „ss" oder „ß".

verge_____en, Flu_____, sa_____, Grima_____e, verla_____en, stattde_____en, wi_____en, mü_____en, Gru_____, flü_____ig, geri_____en, grü_____en, Schlu_____, verga_____, bi_____ig, Ta_____e, kü_____en, Fu_____, sü_____en, Unterta_____en

b) Findest du immer 2 Wörter, die sich reimen? Stelle die Reimpaare zusammen und schreibe sie auf die Linie.

vergessen	–	*st*
	–	
	–	
	–	
	–	
	–	
	–	
	–	
	–	
	–	

77 „s“ oder „ss“?

a) **Hier findest du viele Nomen im Plural. Leider hat der Setzer die s-Laute geschwärzt. Schreibe die Wörter richtig auf.**

Bedürfni[redacted]e   Proze[redacted]e   Rei[redacted]epä[redacted]e   Entschlü[redacted]e   Hinderni[redacted]e

Schulabschlü[redacted]e   Gleichni[redacted]e   Verhältni[redacted]e   Bä[redacted]e

Zwischenzeugni[redacted]e   Verschlü[redacted]e   Abflü[redacted]e   Vermächtni[redacted]e

Erkenntni[redacted]e   Imbi[redacted]e   Bo[redacted]e   Ver[redacted]äumni[redacted]e   Zuflü[redacted]e

b) **Nicht immer endet die Singularform (Einzahl) der Wörter in Aufgabe a) auf „ss“. Bei acht der Wörtern endet die Singularform nur mit einem einfachen „s“. Finde zu den Pluralformen die passenden Singularformen und ordne sie der richtigen Gruppe zu. Schreibe auch die dazugehörige Pluralform auf.**

Singular mit „ss“		Singular mit „s“	
der Abfluss	→ *die Abflüsse*	*das Zwischenzeugnis*	→ *die Zwischenzeugnisse*
	→		→
	→		→
	→		→
	→		→
	→		→
	→		→
	→		→
	→		
	→		

78 Langer und kurzer Vokal

TIPP 29

a) Unterstreiche bei den folgenden Wörtern den lang gesprochenen Vokal vor dem „s-Laut". Mache einen Punkt unter den kurz gesprochenen Vokal.

Brennnessel Blumenstrauß Essig wässrig abbeißen

Kompass Klöße Diskussion Bässe vermisst Fairness

Verstoß Schaschlikspieß Wasserstoff Verschleißteil gerissen

Ausmaß Fließband Imbiss zuverlässig

b) Ordne die Wörter aus Aufgabe a) in die Tabelle ein

Wörter mit kurz gesprochenem Vokal vor dem „s-Laut"	Wörter mit lang gesprochenem Vokal vor dem „s-Laut"

79 **Spiegelwörter**

a) Versuche, die Wörter zu entziffern, und schreibe sie mit passendem Artikel auf.

Terrasse
Prozess
Eskimo
Passagier
Globus
Rhythmus
Kaktus
Zeugnis
Umriss
Asphalt
Krokus
Abszess
Passage

____

____

____

b) Ordne der Erklärung das richtige Fremdwort aus Aufgabe a) zu!

grauschwarzer Straßenbelag: ______________________________

Nachschlagewerk für Karten, Länder, Straßen …: ______________________________

eitriger Pickel: ______________________________

Schatten, Außenform eines Gegenstandes oder einer Person: ______________________________

Zertifikat am Ende eines Schuljahres oder einer Ausbildung: ______________________________

Bewohner der Arktis: ______________________________

stachelige Pflanze: ______________________________

Reisender in einem Flugzeug, einem Zug, Auto, Bus oder Schiff: ______________________________

überdachter Durchgang, eventuell mit Geschäften: ______________________________

Modell der Weltkugel: ______________________________

Abfolge von Tonlängen und Pausen: ______________________________

Außenbereich eines Hauses zum Draußensitzen: ______________________________

Gerichtsverhandlung: ______________________________

Blume, die im Frühjahr blüht und aus einer Blumenzwiebel wächst: ______________________________

c) Setze die Fremdwörter in den Plural.

der Krokus – *die Krokusse*

–

–

–

–

–

–

–

–

–

80 Verbindungen mit „dass"

TIPP 30

Verbinde die beiden Sätze mit dem Bindewort (der Konjunktion) „dass". Denke daran, dass vor dem „dass" immer ein Komma steht!

1. Heute Morgen las ich in der Zeitung. Es hat sich wieder ein Unfall zwischen einem Motorrad und einem Auto ereignet.
2. Der Journalist schrieb ein Interview. Es zeigte die unterschiedlichen Sichtweisen.
3. Auch der Motorradfahrer erklärte. Der Autofahrer sei zu schnell an die Kreuzung herangefahren.
4. Doch der Journalist teilte mit. Es gab weitere Zeugen, die den Unfall beobachtet haben.
5. Ein Zeuge behauptete. Der Motorradfahrer hat die Vorfahrt nicht beachtet.
6. Der zweite Zeuge war sich sicher. Die Ampel war bereits auf „Rot" gesprungen.
7. Laut Interview widersprach der Autofahrer und erklärte. Die Ampel stand noch auf „Gelb".
8. Daraufhin riet der erste Zeuge. Die Polizei sollte geholt werden.
9. Der Motorradfahrer stimmte zu und erkannte. Sie konnten das Problem alleine nicht lösen.
10. Die Polizei erreichte die Unfallstelle und stellte fest. Beide Parteien hatten eine Teilschuld.

1.

2.

3. ______________________________

____

4. ______________________________

____

5. ______________________________

____

6. ______________________________

____

7. ______________________________

____

8. ______________________________

____

9. ______________________________

____

10. ______________________________

____

81 „das" oder „dass"?

TIPP 30

a) Setze „das" oder „dass" ein. Wenn du „jenes" oder „welches" einsetzen kannst, wird „das" nur mit einem „s" geschrieben.

1. Da unser Lehrer gestern krank war, bin ich sicher, _____ er morgen auch nicht kommen wird und _____ Präsentieren unserer Gruppenarbeit ausfällt.
2. _____ Buch, _____ du gerade liest, ist wirklich spannender als mein langweiliger Schinken.
3. Meine Mutter meinte, es war gut, _____ ich sie um ihre Meinung gebeten habe.
4. _____ ich gestern Nachmittag nicht kommen konnte, war nicht meine Schuld.
5. Ich halte meine Versprechen, _____ weißt du ganz genau.
6. _____ ich dir diese Jeans kaufe, kommt nicht infrage, _____ ist wirklich zu teuer!
7. Sie versprach mir, _____ Heft morgen mitzubringen.
8. Unsere Projektleiterin versprach uns, _____ sie uns unterstützen wird und _____ Modell unserer Gruppe besonders hervorheben wird.
9. Meine Eltern bemerken oft, _____ mir _____ Hausaufgabenmachen schwerfällt.
10. _____ ist unser Geheimnis, _____ darfst du niemandem erzählen!

11. Ist _____ _____ neue Mädchen, _____ nun in eure Klasse geht?
12. _____ soll ein toller Tanz sein, _____ ich nicht lache!
13. Ich glaube nicht, _____ der Computer jemals _____ machen wird, was ich mir vorstelle.
14. „_____“ ist ein Bindewort, während „_____“ ein Artikel oder ein Pronomen ist.
15. Ladendiebstahl ist schrecklich, _____ er sich nicht schämt!
16. Der Berufsberater hat mir geraten, _____ ich _____ Angebot annehmen solle.
17. _____ Wasser bei 4°C die höchste Dichte haben soll, _____ konnte ich gar nicht glauben.
18. So viele Aufgaben – wir Schüler finden, _____ _____ eine Zumutung ist.
19. _____ Aufräumen nach dem Sportunterricht finde ich nervtötend.
20. Ich glaube nicht, _____ sich _____ Abschreiben während der Prüfung lohnt, _____ Risiko, _____ ich erwischt werde, ist mir zu groß.

b) Bei 10 Wörtern wird „das“ als Artikel verwendet, daher werden die Wörter großgeschrieben. Schreibe die passenden Satzteile auf.

das Präsentieren unserer Gruppenarbeit

→ ____________________

→ ____________________

→ ____________________

→ ____________________

→ ____________________

→ ____________________

→ ____________________

→ ____________________

→ ____________________

82 Chat-Slang

Im folgenden Brief findest du viele Elemente aus dem Chat-Slang. Übersetze sie und notiere den Text in normale deutsche Sprache.

Liebe Anne,
lange habe ich auf meine Mutter eingeredet, dass ich keinen Bock mehr hätte, auf die Arbeit zu lernen. eod.
Meine Mutter behauptet zwar: khuf. Aber ich glaube ihr nicht.
Cm. Weißt du übrigens, wie die Aufgabe 3 geht. Idk.
Und die Aufgabe 5 sitd.
Mein Vater behauptet, das sei doch alles kinderleicht. Da kann ich nur e2eg.
Recht hat er nur bei Aufgabe 6. Mit der habe ich np.
Ich mache jetzt Schluss. Hf bei der Party heute Abend.
Cu. Kc.
Paul

83 www.chatslang.de

Im Internet findest du weitere Kürzel im Chat-Slang. Schreibe deinem Freund oder deiner Freundin einen Brief mit solchen Kürzeln.

84 Das UPS-Spiel

Ihr habt die Aufgabe, euren Klassenkameraden folgende Wörter rund ums Auto zu umschreiben. Dabei darf weder der Begriff selber, noch Teile davon sowie das Wort „Auto“ fallen.

Windschutzscheibe • Kofferraum • Stoßstange • Blinkleuchte • Scheinwerfer • Nummernschild • Motorhaube • Reifenprofil

85 Die Bedeutung von zusammengesetzten Nomen

Erläutere die Nomen von Aufgabe 84.

Windschutzscheibe: Scheibe, die vor dem Fahrtwind schützt

Kofferraum: ______________________________

Stoßstange: ______________________________

Blinkleuchte: ______________________________

Scheinwerfer: ______________________________

Nummernschild: ______________________________

Motorhaube: ______________________________

Reifenprofil: ______________________________

86 Wörterschlange

Schreibe der Reihe nach zusammengesetzte Nomen auf. Dabei musst du beachten, dass das Grundwort des Vorgängers das Bestimmungswort des eigenen Begriffs wird.

Beispiel: Windschutzscheibe – Scheibenreiniger – Reinigungspersonal – …

____

____

____

____

____

____

____

87 Wörterschlangenrekord

Versuche nun im Wettkampf, die längste Wörterschlange zu bilden.

____

____

____

____

____

____

____

88 Grundwortschatz Stammprinzip

Schreibe zu jedem Wort eine verwandte Wortform mit gleichem Stamm auf.

Hände: *Hand*	Stängel: ______
Bändel: ______	platzieren: ______
Gräueltat: ______	Rohheit: ______
nummerieren: ______	schnäuzen: ______
rau: ______	Quäntchen: ______ *ntum*

89 Grundwortschatztraining

Schreibe einen Satz mit den nachfolgenden Wörtern auf.

Föhn (Haartrockner) • Känguru • Panter • Tipp • wie viel • zu viel

____

____

____

____

____

____

90 Silbenrätsel zur Großschreibung

Löse das Silbenrätsel und beachte die Großschreibung.

ABEND – AN – AT – BLAU – BRETT – BRIEF – BUN – CHE – DES – ER – ER – ER – FE – GA – GE – HEI – HEIT – HIL – HO – KAR – KÖ – LAN – LI – LI – LI – MER – MÜN – NIG – OZE – RO – SCHEN – SCHWAR – SONN – SSEN – STE – STE – TAG – TE – TE – TER – TI – UL – WEI – ZEN

1. Acht Wochen vor den Zeugnissen kam ein ____________________.
2. Dass er sein Fahrrad verkaufen wollte, gab er am ____________________ bekannt.
3. Nachdem der Unfall passiert war, leistete er sofort ____________________.
4. Für das grobe Foul bekam er eine ____________________.
5. Wenn unser Verein weiter so Fußball spielt, kommen wir nie in die ___________ .
6. Könige spricht man mit ____________________ an.
7. Die Kommunion wird am ____________________ gefeiert.
8. Nach dem vierten Advent kommt der ____________________.
9. Anlässlich unserer Donauschifffahrt besuchten wir auch das ________________ .
10. Wenn man von Europa nach Amerika will, muss man den ____________________ überqueren.

Tipps, Regeln und Rechtschreibstrategien

Nachschlagen im Wörterbuch

▼ ***Tipp 1*** Im Wörterbuch sind die Wörter nach dem Alphabet geordnet. In einer Wörtergruppe (z. B. Wörter mit A) muss man auf den zweiten, dritten, ... Buchstaben achten.

Groß- und Kleinschreibung

▼ ***Tipp 2*** Wenn man vor Wörter einen Artikel (*der, die, das, ein, ...*) setzen kann, handelt es um ein Nomen. Nomen schreibt man groß. Bei zusammengesetzten Nomen bezieht sich der Artikel immer auf das Grundwort.

▼ ***Tipp 3*** Nach Mengenwörtern wie *alles, viel, manches, etwas, wenig, nichts* schreibt man Adjektive groß: *nichts Neues*. Nach Schmelzwörtern wie *im, zum* werden Verben großgeschrieben: *zum Tanzen, im Fallen.*

▼ ***Tipp 4*** Zeitangaben für Tageszeiten schreibt man groß, wenn sie nach *heute, gestern, übermorgen* stehen: *heute Nachmittag.*

▼ ***Tipp 5*** Groß schreibt man Adjektive, die als feste Bestandteile in Eigennamen oder allgemeinen Begriffen vorkommen: *Grünes Gewölbe, Gelbe Karte.*

Schreibung nach Vokalen

▼ ***Tipp 6*** Es gibt verschiedene Schreibweisen für das lang gesprochene i: ie / i / ih / ieh. Die meisten Wörter mit lang gesprochenem i werden mit ie geschrieben.

▼ ***Tipp 7*** wieder mit ie bedeutet: noch einmal, nochmals, Wiederkommen.
wider mit i bedeutet: gegen, Widerspruch.

▼ ***Tipp 8*** Vor l, m, n, r steht normalerweise ein Dehnungs-h.

▼ ***Tipp 9*** Das silbentrennende h steht nicht vor l, m, n oder r.

▼ ***Tipp 10*** Manche Wörter klingen gleich und werden unterschiedlich geschrieben. Hier muss man sich die Bedeutung der Wörter klarmachen (z. B. lehren – leeren).

▼ ***Tipp 11*** Im Konjunktiv verändert sich die Präteritumform der Verben mit a in ä (z. B. klang – klänge): ä kommt von a.

▼ ***Tipp 12*** ä kommt von a, äu kommt von au.

▼ ***Tipp 13*** Doppelkonsonant nach dem Vokal – ja oder nein? Ein verwandtes Wort (oft ist es ein Verb) hilft bei der Entscheidung.

Schreibung nach Konsonanten

▼ ***Tipp 14*** Ob am Ende einer Silbe b oder p; d oder t; g, k oder ch stehen muss, hörst du am besten, wenn ein Vokal folgt oder wenn du das Wort verlängerst:
Dieb → Diebe; monatlich → Monate; Sprung → Sprünge.

▼ ***Tipp 15*** Bei Doppelkonsonanten hilft auch die Verlängerung des Wortes:
Bett → Betten.

Fremdwörter

▼ ***Tipp 16*** In Wörtern aus heute noch gesprochenen Sprachen (z. B. Englisch, Französisch) werden fremdsprachige Buchstaben z. T. ersetzt und die Schreibung der Lautform angepasst:
Joghurt, eingedeutscht: *Jogurt*.

▼ ***Tipp 17*** Fremdwörter werden weitgehend an das Deutsche angepasst (Eindeutschung).
Die fremdsprachliche Variante ist jedoch in den meisten Fällen ebenfalls zugelassen.

▼ ***Tipp 18*** In vielen Wörtern aus toten Sprachen (Latein, Altgriechisch) werden die Buchstabenkombinationen ph, th, rh durch f, t, r ersetzt: *Delphin*, eingedeutscht *Delfin*.

Getrennt- und Zusammenschreibung

▼ ***Tipp 19*** Nomen, Verbstämme und Adjektive können mit Nomen Zusammensetzungen bilden. Sie werden ebenso wie mehrteilige Substantivierungen zusammengeschrieben: *Fußballspielen, Gemüseauflauf, Lebewesen, Kühlschrank; das Holzhacken, das Inkrafttreten*. In manchen Fällen stehen Zusammensetzung und Wortgruppe nebeneinander: *Auto fahren* (er fährt Auto, er ist Auto gefahren, beim Autofahren); *zum Briefmarkensammeln* (Briefmarken sammeln); *preisgeben*.

▼ ***Tipp 20*** Adjektive, die mit vorangestellten bedeutungsverstärkenden oder bedeutungsabschwächenden Bestandteilen Zusammensetzungen bilden, werden zusammengeschrieben:
bitterkalt, stockdunkel, brandaktuell.

▼ ***Tipp 21*** Zusammensetzungen aus Präposition + Reziprokpronomen + Verb werden zusammengeschrieben: *aufeinanderstellen*.

▼ ***Tipp 22*** Verbindungen aus zwei Verben, Partizip und Verb und Verbindungen mit sein werden getrennt geschrieben, z. B.: *schreiben üben, angeln lernen, gekonnt fechten, gehetzt ankommen, fertig sein, beisammen sein.*

▼ ***Tipp 23*** Zusammensetzungen von Adjektiv bzw. Partizipien und Verb schreibt man meist getrennt, z. B.: *schnell laufen, schwach sehen, griechisch essen, stockend lesen, stammelnd sprechen.*
Bildet die Zusammensetzung aus Adjektiv und Verb einen neuen Begriff, dann wird zusammengeschrieben, z. B.: *hochachten* (= eine gute Meinung von jdn. haben), *freisprechen* (= von der Anklage befreien), aber: *frei sprechen* (= ohne Notizen sprechen).

▼ ***Tipp 24*** Verbindungen zwischen Adjektiven und Verben können getrennt oder zusammengeschrieben werden, wenn das Adjektiv das Ergebnis des Vorgangs bezeichnet, z. B.: *blau streichen/blaustreichen*.

▼ ***Tipp 25*** Verbindungen mit adjektivisch gebrauchten Partizipien an erster Stelle werden getrennt geschrieben, z. B.: *drückend heiß, abschreckend hässlich*.
Verbindungen von Nomen und adjektivisch gebrauchten Partizipien können getrennt oder zusammengeschrieben werden, z. B. *Aufsehen erregend, aufsehenerregend*.

▼ ***Tipp 26*** In Buchstaben geschriebene Zahlen unter einer Million werden zusammengeschrieben.

▼ ***Tipp 27*** Mehrteilige Adverbien, Konjunktionen, Präpositionen und Pronomen können zusammengeschrieben werden, wenn Wortart, Wortform oder Bedeutung nicht mehr deutlich erkennbar sind: *in Stand setzen / instand setzen*.

▼ ***Tipp 28*** Adjektiv-Nomen-Verbindungen aus dem Englischen können getrennt oder auch zusammengeschrieben werden; bei Zusammenschreibung liegt der Hauptakzent auf dem ersten Bestandteil, bei Getrenntschreibung werden Adjektiv und Nomen großgeschrieben, z. B. *Big Band, Bigband*.

Wörter mit s-Lauten

▼ ***Tipp 29*** Der scharfe s-Laut wird entweder ss oder ß geschrieben: Höre genau hin, wie der Vokal davor gesprochen wird: *Kuss* (u kurz, also ss); *Straße* (a lang, also ß).

▼ ***Tipp 30*** *das* oder *dass*? Wende die Probe an: Kannst du „dieses“ oder „welches“ einsetzen, schreibst du „das“. Das Wort „dass“ kannst du nicht ersetzen.